AF312369

CATALOGUE

DE

TABLEAUX, DESSINS

ET

LITHOGRAPHIES

Œuvres de feu GREVEDON, artiste Peintre-Lithographe

ESTAMPES

ANCIENNES & MODERNES

Albums, Livres à figures, Perissin et Tortorel, etc.

MÉDAILLES

Ayant fait partie de son Cabinet

DONT LA VENTE AURA LIEU

HOTEL DES COMMISSAIRES-PRISEURS

Rue Drouot, n° 5

SALLE N° 3, AU 1er

Le Samedi 4 Mai 1861, à une heure

Par le ministère de Me **DELBERGUE-CORMONT**, Cre-Priseur,
rue de Provence, 8,

Assisté de M. **VIGNÈRES**, Marchand d'Estampes,
rue de la Monnaie, 13, à l'entresol; entrée rue Baillet, 1,

CHEZ LEQUEL SE DISTRIBUE LE CATALOGUE.

EXPOSITION PUBLIQUE

Le Vendredi 3 Mai 1861, d'une heure à cinq heures.

—❦—

PARIS — 1861

PORTRAITS DIVERS

GRAVÉS

Par Ambroise TARDIEU

OVALE IN-8°.

Papier format in-4°. — Chaque : 25 centimes.

Addison, poëte dram. angl.
Aguesseau (H. F. d'). chancel.
Aignan (Et.), poëte lyrique.
Alembert (d'), académicien.
Alfieri (V.), poëte dramat.
Amyot (J.), évêque.
Andrieux, poëte dram., académ.
Arioste (L.), poëte italien.
Azaïs (P. H.), philosophe.
Balzac (J.-L. Guez de), acad.
Becker, général.
Belliard, général.
Berchoux, littérateur.
Berthollet, chimiste. Pair.
Bessières, maréchal.
Boileau-Despréaux.
Chasseloup de Laubat, général.
Choiseul (duc de), pair.
Colomb (Christophe).
Corneille (P.), poëte dram.
Cousin (Victor), acad.
Daunou, historien.
Dessolles, général.
Diderot, littérateur.
Etienne, poëte dram.
Fénelon, archevêque.
Français de Nantes, comte.
Gouvion Saint-Cyr, général.
Grimm (F.-M.), critique.
Horace.
Jay (Antoine), historien.
Jouy, poëte dram.
Juvénalis, poëte satyrique.
Kellermann, général, pair.
Kellermann fils, général, pair.
Klein, général, pair.
Labbey de Pompierre, député.
La Bruyère (Jean de).
Lafayette, général, député.
La Fontaine (Jean de).
Laplace (marquis de), acad.

Le Brun (prince), pair.
Lefèvre, maréchal.
Lemontey, historien.
Louis (baron), ministre.
Massillon.
Molière.
Montaigne.
Montesquieu (Ch. Secondat de).
Mortier, maréchal.
Moustalon.
Mozart.
Murat (Joachim).
Napoléon, empereur.
Ovide, poëte latin.
Pelet de la Lozère.
Percy.
Philippe II, roi d'Espagne.
Piron, poëte comique.
Pradt (D. Dufour de), archev.
Racine (Jean).
Rampon, général.
Regnard, poëte comique.
Reille, général.
Ricard, général.
Rollin, historien.
Rossini (Joachim).
Rousseau (J.-B.).
Rousseau (J.-J.).
Saint Augustin.
Saint Bernard.
Saurin (Jacques).
Scott (Walter).
Sébastiani, général.
Séguier, chancelier.
Ségur (comte de), pair.
Soules, général.
Suchet, maréchal.
Tissot (P.-F.), poëte et prosateur.
Tite Live, historien latin.
Virgile.
Voltaire.

Caylus (Marg. de Valois, comt. de).
Dacier (Anne Lefèvre).

Gay (Sophie).
Sévigné (marquise de).

Chaque : 50 centimes.

SE TROUVE CHEZ VIGNÈRES, 1, RUE BAILLET, A PARIS.

Imp. Renou et Maulde, rue de Rivoli, 144.　　2080

ORDRE DE LA VACATION

Estampes anciennes et modernes....... 56 à 140

OEuvres de Grevedon............... 1 à 55

CONDITIONS DE LA VENTE

Elle sera faite au comptant.

Les Acquéreurs paieront, en sus des adjudications CINQ POUR CENT, applicables aux frais.

M. VIGNÈRES faisant la vente se charge des commissions.

NOTA. Toute commission sans prix fixé ou sans limite déterminée sera regardée comme nulle.

M. VIGNÈRES se charge de faire marquer les prix aux Catalogues des ventes qu'il a faites : les amateurs qui le désirent peuvent s'adresser à lui *franco*.

Plusieurs Amateurs éloignés en ont reconnu l'utilité pour les guider dans leurs achats sur les valeurs des Estampes.

Pour rendre service aux personnes ayant le goût des Arts et des Collections, MM. les Amateurs qui reçoivent des Catalogues sont priées de les communiquer à leurs amis.

Reçu de Monsieur Viguières la somme de onze cent trente six francs trente centimes pour la vente du 4 Mai 1861 frais déduits —

Paris 15 Mai 1861 S. Vve Gavardon

Produit   1698 75

Affiches et Afficheur	21	..
Catalogue	94	..
Distribution	10	..
Insertion au moniteur des ventes	11	40
Déclaration de vente	1	70
Timbre des procès verbal	2	50
Enregistrement	39	60
Versement en bourse commune	53	70
Honoraires Delberguee	53	70
Honoraire Vigneres	90	
Clerc et crieur	12	
homme de peine Transport et deux journées	15	
Location de la Salle	61	40
Gratification aux employés	12	..
Affranchissement a la Poste des Catalogues	7	95
port des portefeuilles chez moi		
port des portefeuilles a l'Hotel	8	
½ pour Montage	1	90
2 mains ½ Chemises	3	..
Moniteur Annonces	18	..

516 85

Déduire 5 % des acquereurs   84 95   431 90
126 685

51 Galerie Metallique   90
frais 25 %   22 50   67 50   130 50
Bordereau de Madame Grendon N° 1.2.   63   1,136.35

ŒUVRES DE GREVEDON

DÉSIGNATION DES TABLEAUX

1 **Lieven** (la princesse de), 1813, à Londres, à mi-corps. Grande miniature, cadre doré.

2 Tête de jeune fille (la Lecture). Huile, toile.

3 Buste de jeune fille (Pensée céleste). Huile, toile, cadre doré.

4 Buste de jeune femme (Attention). Huile, toile, cadre doré.

5 Buste de jeune femme (la Réflexion). A l'huile, sur toile, cadre doré, très-riche, coins et milieu saillants.

6 Jeune fille dormant. A l'huile, sur toile, riche cadre doré, coins saillants.

7 La petite Boudeuse, d'ap. Greuze. Huile, toile. Copie par Mlle Grevedon.

8 Etude de jeune fille. A l'huile, sur toile.

9 Paysage. Etude à l'huile, sur papier, cadre doré. Anonyme.

10 Paysage. Etude à l'huile, sur toile.

MIGNARD.

11 Charmant petit portrait de princesse. Huile, sur cuivre, cadre ovale en cuivre.

— 4 —

DESSINS

12 Religieuse (Héloïse). Dessin au crayon noir et de couleur, form. in-4. Signé *H. Grevedon*.

13 Paysannes de Saxe-Altembourg, Estonie, Livonnienne. Trois bustes au crayon de mine de plomb.

14 Études de têtes, en bustes. Crayons noir et blanc. Quatre dessins.

15 Paul, Virginie et autres jeunes filles. Quatre bustes, crayon noir.

16 Tête de Vierge. Crayons noir et blanc.

17 Madame Récamier. Dessin à la mine de plomb.

18 Gabrielle d'Estrées, Gouvion Saint-Cyr, prince de Ligne, Mlle Mars. Quatre dessins.

19 Charette, Kellerman. Deux têtes, grandeur naturelle, crayons noir et blanc.

20 La Prière : jeune fille à genoux près d'un tombeau. Aquarelle.

21 ANONYME. Études : costumes de jeunes filles et dames, à la sanguine, datés 1772, en pied et assise. Douze dessins.

22 CHARPENTIER (Amédée), 1846. L'Aveu d'une jeune fille à sa mère. Charmant dessin, mine de plomb rehaussé de couleur.

LITHOGRAPHIES

23 Apparition de Jésus-Christ aux Évangélistes.

24 Vénus et les Amours, d'ap. Mallet.

25 Vénus et l'Amour, d'ap. Corrège. Avant la lettre, chine.

26 Françoise de Rimini, d'ap. Court. Avant la lettre, sur chine.

25 lettre   3
40 .   2   75
40   2   75
25   1   50
90   3
20   1   50
80   2   50
20   2   25

18 [illegible] 1   [illegible]
10   1
10   1
20   1   50
20   1   50
90   1   75
20   1   25
20   1

3e portrait
                4   25

40   5   Vuy
20   5   Vuy
54   2   Vuy
  2 Rosine   1   Vin Lombre
90   2   Vig
28   4   Vuy
95   3   Vuy
20 ,   1   25
25   2   25
23 20/[illegible] 1   25

TÊTES DE FANTAISIES

27 Vocabulaire des dames. Quinze portraits.

28 Alphabet des dames. Seize portraits, avec noms.

29 Fantaisies. Dix-huit portraits de dames. Ep. chine.

30 Héloïse et Abeilard, Laure et Pétrarque. Quatre portraits.

31 Artisane, Grisette, jeune Fille, Dame. Quatre portraits.

32 Le Miroir des Dames, ou Nouvel Alphabet français. Vingt-cinq portraits.

33 Portraits d'enfants. Onze pièces.

34 Mosaïque de costumes, ou Alphabet étranger. Vingt-trois portraits de femmes.

35 Impératrices et reines. Huit portraits.

36 Héroïnes célèbres. Quatre portraits coloriés.

PORTRAITS DE CÉLÉBRITÉS

LITHOGRAPHIÉS IN-FOLIO, PAR GREVEDON.

37 M. Adam, avant la lettre, sur blanc et chine. 2 épr.

Albert (Mᵐᵉ). Vaudeville.

Alberti (Eugenia d').

Almeida (Mᵐᵉ d'). Avant la lettre, chine.

Amélie, impératrice du Brésil.

André (Manuel-Jacques) de la Nièvre, sénateur.

Aubert, compositeur, dirigé à gauche et à droite. Trois épreuves.

Armand, du Théâtre-Français. Blanc et chine. Deux épreuves.

Bade (Marie, princesse de).

Baptiste aîné. Théâtre-Français.

Bernet (Joseph), évêque de La Rochelle.

Berry (duchesse de), dirigée à droite et à gauche. Deux épreuves.

Boïeldieu, compositeur.

Bordogni. Blanc et chine. Deux épreuves.

Bourbier (Mlle). Blanc et chine. Deux épreuves.

Bourgeois (Mlle), d'ap. Sicardi.

Brewster, dentiste. Avant la lettre, chine.

Bryan Donkin, sur chine.

Cambronne, général.

Catalani (Mme).

Don Carlos, en pied. Chine.

Chastenet Lanty (H.-L., comte de), pair.

Clermont-Tonnerre (marquis de). Blanc et chine. Deux épreuves.

Czartoriskei (princesse). Épreuve chine.

Daguerre. Avant la lettre, chine.

Dalbert, monument sépulcral du prince primat. Quatre épreuves différentes.

Demidoff. Avant la lettre, chine.

Didelot, maître de ballet. Blanc et chine. Deux épreuves.

Donnet, archevêque de Bordeaux. Blanc et chine. Deux épreuves.

Dorothea de Courlande et Sagan. Chine.

Drouet d'Erlon. Avant et avec la lettre. Deux épreuves.

Fol.
Reliure

rel. 6

rel. 5

Rougie 3
reliés double

Feuill. 5

Œil. a 5/
2 part.

Œil a 5/
2 part,

Dubois

Duchesnoy (Mlle), rôle de Jeanne d'Arc.

Ellsler (Fanny).

Fain (baron). Epreuve sur chine.

Falcon (Mlle). Chine et ton. Deux épreuves.

Falcoz (Mlle). Odéon.

Flaget (Benoist-Joseph), évêque.

Grevedon (Mme). Gymnase.

Guersant, médecin. Blanc et chine.

Haussez (baron d'), ministre de la marine. Blanc et chine, avant et avec la lettre.

Herz (Henri).

Hesse (Ludvig de, et Wilhelmine de). Deux portraits en pendant.

Hesse (princesse Marie de).

Isabelle, reine d'Espagne, enfant. Avant la lettre.

Kalkbrenner (Fréd.). Avant et avec la lettre, blanc et chine. Quatre épreuves.

Labarre (Théodore). Chine.

Ladvocat. Avant la lettre blanc et avec chine. Deux épreuves.

Langlois (J.-P.).

Lariboissière (V^e comtesse de). Chine.

Larochefoucault - Liancourt. Chine, avant la lettre.

Lepaule, peintre. Avant la lettre, chine.

Ligne (princesse de). Avant et avec la lettre, chine.

Lucques (prince de), chevalier de Malte. Avant la lettre, chine.

Macdonald. Avant la lettre.

Marie-Louise, duchesse de Parme. Avant la lettre, chine.

Marty, acteur (Gaîté), maire de Charenton.

Martignac (vicomte de), ministre de l'intérieur. Avant et avec la lettre, blanc et chine.

Maudslay. Avant et avec la lettre.

Menjaud. Théâtre-Français. Chine.

Metternich (princesse de). Avant la lettre, chine.

Moreau, architecte. Avant la lettre, blanc et chine.

Nanteuil (M. de), d'ap. Pagnest. Chine, avant la lettre.

Obreskoff (Dmitri). Avant la lettre, chine.

Obreskoff (Mme). Avant la lettre, chine.

Obreskoff fils. Avant la lettre, chine.

Orléans (Mme Adelaïde, Louise, reine des Belges, et autres). Six portraits.

Pasquier. Avant la lettre, chine.

Pedro Ier (don), empereur du Brésil.

Perrier (Augustin).

Plantade (Mme).

Plessis (Mlle).

Poirson (Mme). Avant la lettre, blanc et chine.

Poncelet. Avant la lettre, chine et blanc.

Ponchard. Avant la lettre, chine.

Regnier. Comédie-Française. Chine.

Rousseau (Mme). Avant la lettre, chine et blanc.

Roy (M. le comte). Avant la lettre, chine.

Saint-Amant.

Sauvageot. Avant et avec la lettre.

Soukosaneth, général d'artillerie, en pied. Avant toute lettre, chine.

Soutzo (princesse).

Speck (Maximilien). Blanc et chine.

Spontini. Blanc et chine.

Sutton (Miss), artiste américaine.

Toreno (comte de), ministre, d'ap. Delaroche.

Toreno (comte de), en pied.

Turbri (F.-L.-H.), musicien. Chine.

Wagon (Mlle). Opéra. Avant la lettre.

(Victoria, reine d'Angleterre, étant jeune)
(Victoria, à mi-corps, costume royal.)

Villagarcia (marquise de), comtesse de Barantes. Avant et avec la lettre.

Villeneuve (comte de), préfet des Bouches-du-Rhône.

Zimmerman, professeur de musique.

Ces cent quarante portraits seront divisés.

38 **Barbantanes** (Mme la comtesse de), en pied. Gr. in-fol, avant la lettre, chine.

39 **Orléans** (S. A. R. Mme Adelaïde, princesse d'), en pied. Gr. in-fol, chine, avant la lettre.

40 — La même, avec la lettre.

41 — (Princesse Clémentine d'), en pied. Gr. in-fol., chine, avant la lettre.

42 — (S. A. R. la duchesse d'), tenant le comte de Paris, en pied. Gr. in-fol., avant la lettre, chine.

43 — (S. A. R. la duchesse de Nemours), en buste. Gr. in-fol., avant la lettre, chine.

44 — (S. A. R. la princesse de Joinville), en pied. Gr. in-fol., avant la lettre, chine.

45 **Victoria,** reine d'Angleterre, assise, en pied, en grand costume royal. Très-gr. in-fol. Rare. 1839.

46 **Falcon** (Mlle). Avant la lettre, chine, riche cadre, doré.

47 **Isabey.** Epreuve chine, signée *H. Grevedon*, sous verre.

48 **Rachel** (Mlle). Epreuve avant la lettre, chine, riche cadre doré.

49 Famille d'Orléans, en pied, sur chine, cadres dorés.

    Marie-Amélie, reine.

    Mme Adelaïde, sœur du roi.

    Le duc d'Orléans.

    La duchesse d'Orléans, tenant le comte de Paris.

    La reine des Belges.

    La princesse Marie, tenant son fils.

    La princesse Clémentine.

    La duchesse de Nemours.

    La princesse de Joinville.

    Le duc de Wurtemberg.

    Ces dix cadres pourront être divisés.

50 Très-grand cadre doré démonté, et autres.

MÉDAILLES

51 Galerie métallique des rois de France. Soixante-quatorze médailles, de Pharamond à Louis-Philippe, ajustées dans des cartons et conservées dans des boîtes-étuis.

52 Nicolas Ier, — Louis XVI, jonction de l'Escaut à la Somme, — Spontini, — Michallon, — Tiolier, Egerton, etc. Six médailles, etc. Neuf pièces.

N°	Désignation	Nom	Prix	
1	Lieven	Grevedon	50	
1	Homme	Grevedon	10	
3	Dessins		2	
17	Mad. Récamier		3	50
24	2 Venus et les Amours		5	
	1 d° amadré	Bizouard	4	
	2 d° rose et bleu		8	
	40 portraits		5	
	20 d°.		5	
	54 d°		2	
	2 Rosine	Combrouse	1	
	30 portraits		2	
	28 d°		4	
	25 d°		3	
37	Albert	O'Reilly	3	50
	Aubert	O'Reilly	5	
	8 port.	Gellibert	5	
	40 port.		7	
	Bade	Gellibert	1	
	Baptiste ainé	Desmousseaux	1	
	Berry	Gellibert	3	
	Boieldieu	O'Reilly	1	
	Brewster	Maurin	3	
	Daguerre	O'Reilly	3	
	Falcon	Gellibert	2	
	Guersant		2	
	Haussez	O'Reilly	1	
	Ladvocat	O'Reilly	3	
	Lepaule Moreau	Dubois	3	
	Martignac		5	
	Rousseau Mad	Gellibert	2	
	Obreskoff Soukosanet	Gihaus	2	
38	Barbantane	Gellibert	3	

Report

N°	Désignation	Nom	Prix
39	adélaïde avant l.l		6
	avant l.l		2
41	Clémentine	Gellibert	4
42	Marie		3
43	nemours	Gellibert	5
44	Joinville	Gellibert	10
	3 Barbantane / adélaïde		2
47	Isabey	Dubois	2
49	Marie Clémentine	Bijou	30
51	Gal. Metalique	Berger	90
56	La Pensée	Maison	6
	Venus	Maison	6
	3 jeux		1
58	Fenelon		2
61	Ballicard	Chavan	2
64	Bosse enveloir		1
65	5 Bosse		1
66	Boulanger 3p.		1
70	Bavaria		3
	1 p.	Combrouse	1
	9 p.		1
74	Grammer	Soleil	2
79	11 lame		5
80	9 lame		4
81	Taglioni		2
82	5 lame		3
86	Leon noel		3
89	Massard	Bijouard	6
91	Morton		2
93	Pauquet litasse		1
94	Rohan	Chabot	5
100	Christ	x	1

Report

2 Sadre Odalisque Burty   3
3 Tardieu Leszinska   2
05 34 port.   2
12 Lane Gainsborough Wem   24
6 Pensée Jean dans St Florent   5
9 Chaperon   Girardot   13
21 48 port   Bijouard   14
22 26 port   Bijouard   8
23 150 anf.d   34
   2 portefeuille   6
   2 portefeuille   6
   2 portefeuille   3
                             498 25
                              24 95
                             523 20

Bigarani
Pernier ? [illegible]
[illegible]

H [illegible]

M. [illegible] 15
Peruca
Yeaus 15

Gosselin 5

Chavard 3

53 Les trois consuls, — Nicolas Iᵉʳ, — cardinal Con-
salvi, deux différents, — Cimarosa, — Congrève.
— Cervantes, — Gessner, — Kosciusko, — Linnée,
— Locke, — Bœrhaave, — Moreau, — Washing-
ton, — Shakspeare, — Hoche, — Haydn, — Mi-
chel-Ange, — Kléber, — Galilée, — Roger Bacon.
— Dante, — Guttemberg, — Lavater, — Copernic,
— Schiller, — et un Monneron. Vingt-sept médailles bronze, sur un carton garni de velours.

54 Statuette de Napoléon les bras croisés, sur socle.
Le tout en bronze. Haut., 33 centim.

55 Paire de pistolets à deux coups.

ESTAMPES ANCIENNES & MODERNES

DE DIVERS MAITRES.

56 **Aubry Lecomte**, son portr., par Marin Lavigne.
— Une pensée, — Toilette de Vénus, — Granger,
peintre, — Spontini. Cinq pièces lithographiées.

57 — Têtes tirées de l'Ossian. 7 pièces lithograph.

58 **Audran** (B.). Fénelon, in-fol. Toute marge.

59 **Beaunier.** Paysages. (Trois eaux-fortes par et
d'après.)

60 **Beauvarlet**. Toilette pour le bal, — Retour du
bal. Deux épreuves d'ap. de Troy.

61 **Bellicard**. La Bourse de Lyon, d'ap. Soufflot.

62 **Bosse** (Ab.). Le Graveur en taille douce.

63 — La Noce de village.

64 — Ensevelir les morts.
Ces trois pièces, belles épreuves, chez Leblond.

65 — Mariage de Vladislas III et Marie de Gonzague, — l'Enfance, — Vestir les nuds, — Enfant prodigue gardant les porcs, — les Vierges folles dormant. Cinq pièces.

66 **Boulanger** (L.). Odalisque, — le Sommeil du lion, — la Saint-Barthélemy., Grande lithograh. Trois pièces.

67 **Burdet**. L'Amour et Psyché, d'ap. Picot. Avant la lettre; dédicace signée du peintre; toute marge.

68 **Chereau**. Ch.-Joachim Colbert, évêque de Montpellier. In-fol., d'ap. Raoux.

69 **Desnoyers**. François Ier et sa sœur : *Souvent femme varie*.

70 **Deveria** (A.). Son portrait lithog. par lui-même, — les Sœurs Grisi, — Huerta, lithog., — Louis et autres. Seize pièces.

71 — Costumes et sujets. Vingt-deux pièces lithog.

72 **Dorigny** (N.). Transfiguration, d'ap. Raphaël.

73 **Drevet** (Cl.). Mme le Bret de la Briffe, tenant une faucille, d'ap. Rigaut.

74 **Ducis**. Débuts de Talma, — Portrait de Granet. Deux pièces lithog.

75 **Gingembre**. Chevaux de trait, — Chevaux en liberté. Deux pièces au lavis lithog.

76 **Hersent**. Casimir Périer, — Migration des bergers piémontais. Deux pièces rares, lithog., avec dédicaces signées.

77 **Isabey**. Mathieu de Montmorency, avec sa mort au bas. Lithog.

78 **Jaime.** Album de six sujets, lithog. de figures et marines.

79 **Lane** (Richard). The King, — la reine Victoria, — duchesse de Kent, — John Thomas, — Sainte Cécile, etc. Douze pièces, superbes lithog., la plupart avant la lettre.

80 — Pauline Duvernay, — J. Grisi, — Lablache, — Pasta, — Rubini, — Taglioni, — Tamburini et autres. Neuf portraits, costumes, en pied, lithog.

81 — Mlle Taglioni, rôle de la Bayadère. Gr. in-fol., lithog., en pied. *Proof.*

82 — A favorite flovers, — the Rivals, — Repose, etc. Sept pièces lithog.

83 — Lord Cosmo Russel et pendant. Deux lithog. d'ap. Laudseer. Epreuves ton sur chiné, cadres sapin.

84 **Lavreince** (d'ap.). Le Billet doux, — Qu'en dit l'abbé? Deux pièces par Delaunay, toute marge.

85 **Lavrence** (d'ap.). Lord Eldon, — Canning. Deux portraits.

86 **Léon Noel.** Rentrée de la procession, d'ap. Roqueplan, avant la lettre, — Marguerite de Valois, — Grouchy, etc. Cinq pièces lithog.

87 **Lignon.** Sainte Cécile, d'ap. Dominiquin.

88 **Marin Lavigne.** La Justice divine poursuivant le crime, d'ap. Prud'hon. Epreuve chine, lithog.

89 **Massard.** Sainte Cécile, d'ap. Raphaël. Ancienne épreuve, toute marge.

90 **Moitte.** Duhamel du Monceau, d'ap. Drouais fils. In-fol.

91 **Morton**. Portrait de Kean, — Dangerous Play-fellow, etc. Trois pièces lithog.

92 **Nanteuil**. Anne d'Autriche, d'ap. Mignard.

93 **Pauquet**. Le Tasse lisant ses poésies. Avant toute lettre, sur chine.

94 **Petit**. Armand-Jules de Rohan, archevêque de Reims, d'ap. Rigaud. In-fol., rogné.

95 **Picot**. Les Plaisirs de l'été. Grande composition, goût de Watteau.

96 **Raphaël** (d'ap.). Le Sommeil de Jésus, par Avril, — Sainte Famille. Deux épreuves.

97 **Saenredam**. L'Enfant prodigue, d'ap. Bloemaert.

98 **Schnorr**. L'Entrée de Barberousse à Milan.

99 **Sixdeniers**. Collin-Maillard, — les Crêpes. Deux épreuves avant la lettre, avec dédicace signée Giraud.

100 — Christ en croix, — don Juan et Haydée.

101 — Groupe de Louis XVI pour son tombeau. Avant la lettre.

102 **Sudré**. L'Odalisque, d'ap. Ingres, — la Tête de la même, grandeur naturelle. Deux pièces lithog.

103 **Tardieu**. Marie Leczinska, à mi-corps, d'ap. Nattier. In-fol.

104 **Thompson**. La reine Victoria, d'après Lane. Buste.

105 Portraits et divers. Environ cent pièces. Sera divisé.

106 Têtes d'études, d'ap. Prud'hon, Raphaël, etc. Quinze pièces.

107 **École française**, d'ap. Boucher. Les Bacchan-
tes endormies, — Fragonard, Bonne mère et pendant, — Jeaurat, Natoire, — Chaste Suzanne, etc.
Huit pièces. · · · · · · · · · · 3 25

108 — Moreau le jeune, les Adieux, — Vignettes, etc.
— Douze pièces. · · · · · · · · 4 25

109 Diverses écoles. Environ quatre-vingts pièces. 4

ALBUMS & LIVRES A FIGURES

110 **Brunot**. Etudes anatomiques du cheval. Seize
planches lithog. en noir, avec deux feuilles de
texte. · · · · · · · · · · · · 4

111 **Fragonard** fils. Vingt-quatre pièces composées
et gravées dans le genre des bas-reliefs antiques. 1 25

112 **Lane** (Richard). Studies of figures de Thomas
Gainsborough. Lithog. Vingt-quatre pièces et le
portrait, dédié à sir Th. Lawrence.

113 **Lessore** et **Wild**. Voyage dans la Régence
d'Alger. 4e livraison. Dix pièces et texte. 1 75

114 **Litho-photographie**. Cinq vues, détails de
Chartres, Strasbourg, Beauvais, etc. 1er cahier
d'impression photographique sur pierre. 1 75

115 **Paléographie** universelle, fac-simile d'écriture
du IIe au XIVe siècle, la plupart coloriés avec le
plus grand soin et rehaussé d'or. Trente-deux
planches.

116 **Pensée**. Monuments érigés à Jeanne d'Arc en
France. Neuf lithog. et texte, gr. in-4.

117 Perrissin et **Tortorel**. Recueil de trente-huit
planches et l'avis au lecteur. Rare. Scènes histo-
riques de 1559 à 1570, — Mercuriale d'Anne Du-
bourg et son supplice, — Tournoi et mort
d'Henri II, — Entreprise d'Amboise, — les États
à Orléans, — Colloque de Poissy, — Massacres à
Cahors, Vassy, Sens, Valence, Tours, Mont-
brison, par le baron des Adrets, — les batailles de
Dreux, Orléans, — Poltrot tuant le duc de Guise,
et son exécution, — Massacres à Nismes, — Batailles de Saint-Denis, Cognac, Chartres, Poitiers,
Moncontour, Bourges, etc. Ces pièces sont de la
plus haute curiosité, étant datées la plupart de
l'année même de l'événement. Relié en parchemin.

118 Règle des cinq ordres d'architecture de Vignole,
par Delagardette. In-4, 1818; carton, dos et coins
parchemin.

119 Loges de Raphaël (Histoire sacrée), gravées par
Chapron. Cinquante-quatre pièces, brochées.

120 Iconographie des contemporains, Delpech. Cent
soixante portraits lithog. par Grevedon et autres.
Plusieurs doubles; fac-simile.

121 Recueil de quarante-huit portraits anglais, Geor-
ges III et personnages de son règne, publié par
Fisher. Cart. en toile.

122 Recueil de vingt-six portraits de personnages anglais. Epreuves sur chine publiées par Fisher; in-4,
cart. en toile.

123 Portraits de personnages anglais publiés par Fisher;
cent cinquante-cinq, en feuilles.

[illegible handwritten annotation]

124 Portraits de jolies femmes représentant les vingt-
quatre cantons suisses, en couleur, publiés à
Berne chez Lamy.

125 Gage d'amitié, Itinéraire pittoresque au nord de
l'Angleterre. Soixante-treize vues des comtés de
Westmorland, Cumberland, Durham et Northum-
berland, avec texte français. Londres, 1834; in-4
cart. en toile.

126 Vignettes in-8, pour La Fontaine, d'ap. T. Johan-
not, avec portrait. Treize pièces, très-belles épr.

127 Vignettes in-4 pour la *Henriade*. Dix pièces, avec
portraits d'Henri IV et de Voltaire. Douze pièces
très-belles.

128 Flore et Zéphir, ballet mythologique dédié à...,
par Théophile Wagstaff. Huit planches et titre.
Londres, 1836.

129 Costumes italiens. Quinze pièces par Ferrari, 1826.
— Cinquante pièces, par Pinelli. En tout soixante-
cinq pièces, d.-rel., obl.

130 Paris ancien et moderne, par Boys et autres. Qua-
tres pièces. — Paroles de l'âme de Fries. Quatre
pièces couleur. Huit pièces.

131 Album de soixante-deux lithog. de Bellanger,
Charlet, Fragonard, Géricault, Grevedon, Mauzaisse, Carle et H. Vernet, etc., etc. D.-rel.

132 Album par Deveria, 1828, douze pièces sur chine;
— par Grenier, douze pièces. — Panidocheme,
par Victor Adam, douze pièces. — Vues de Paris,
etc., par Deroy, douze pièces. — Par divers, douze
pièces. En tout, soixante pièces. D.-rel.

133 Album de Grenier, 1830, douze pièces; — **1829,** douze pièces. — Animaux de Newton Fielding, 1829, douze pièces sur chine. —Roqueplan, 1830, douze pièces. — Deveria, 1830, douze pièces. En tout, soixante pièces. D.-rel.

134 Album de sept pièces de la *Henriade*, lithog., par H. Vernet, et vingt-trois portraits par Mauzaisse. Trente pièces. D.-rel.

135 La Chine : mœurs, usages, coutumes, arts et métiers, peines civiles et militaires, cérémonies religieuses, etc. Litographies coloriées, avec texte, par de Malpière. Quatre-vingt-cinq pièces et texte. 1er vol., 1825. D.-rel.

136 La Chine. Quinze livraisons de six planches coloriées et texte.

137 Album de la frégate *la Thétis*. Vingt-huit lithog. et vingt-quatre feuilles texte.

138 Meubles et armures anciennes, moyen âge, pittoresque, etc. Vingt-quatre pièces.

139 Petit Atlas national des départements de la France et des colonies. Cent cartes et celle de la France, 1833. D.-rel., obl.

140 Album, in-fol. de papier blanc, environ cent feuilles.

141 Sous ce numéro, les objets non catalogués, portefeuilles, etc., etc.

RENOU et MAULDE, imprimeurs de la Compagnie des Commissaires-Priseurs, 144, rue de Rivoli.   2030